Crossword Puzzles For Kids

101 Coolest Puzzles To Solve For Ages 7 and Up

Table of Contents

First Day of School 8

Jenny's Fruit List 9

Happy Birthday 10

True Colors 11

Family 12

Flowers 13

Things I Do At Home 14

Winter 15

Day of the Week 16

Fish in the Sea 17

Insects! Ouch! 18

Male Animals 19

Months 20

My Body 21

My House 22

Numbers 23

Plants 24

Solomon Grundy 25

My Sense 26

Sports 27

Summer 28

Rhymes 29

Opposites 30

Food 31

One, Two, Three, Four, Five 32

Animal Babies 33

Mix the Colors 34

A Rainy Day 35

A Snowy Day 36

The Kitchen 37

What I Want to Be When I Grow Up 38

Time 39

The Rainbow 40

I Take Care of Me 41

Manners 42

Things That Are Fun 43

Friends 44

Vacations 45

Let's Go to Space! 46

Super Heroes 47

Valentine's Day 48

A Trip to the Beach 49

Animals in the Jungle 50

Amusement Park 51

Camping Trip 52

Let's Go for a Picnic 53

My Party! 54

Name That Dog Breed 55

What Am I? 56

Name That Sound 57

Bed Time 58

How Many? 59

Pirates 60

Arctic Animals 61

Things That Fly 62

Electronic Devices 63

Things That Are Blue 64

I Spy 65

Things That Are Purple 66

Things That Are Green 67

Name That Sound 68

Name That Dinosaur 69

Classic Movies 70

Let's Have A Sleepover 71

Mother Nature 72

Famous Cats 73

The Weekend ....,...74

The World 75

Things With Engines 76

Back to School 77

Schools Out...78

Paw Patrol 79

Let's Play That Board Game 80

Popular TV Shows..81

I Scream ICE CREAM 82

Insects 83

Famous Dogs 84

Name That State 85

Types of Nuts...86

Can't Wait for Dessert 87

Things That Are Yellow 88

Finish the Line 89

It's Christmas..90

"B" For What? 91

Halloween 92

Peter Pan 93

The Earth 94

Pinocchio 95

Easter 96

Thanksgiving 97

Spring Time!..98

Disney Movies 99

Father's Day...100

Mother's Day 101

My Learning Materials 102

Tasty Drinks...103

How Do You Feel? 104

Sum It Up! 105

Who Is In the Garden? 106

Kinds of Furniture..107

What's That Used For? 108

Answers 109

Bonus!

Would you like to have an exclusive article eBook that has **15 Top Quality Working on Crafts for Kids**?

http://bit.ly/2qWfaKT

Thank you for reading this book! I would like to give you full access to an exclusive article eBook that has **15 Top Quality Working on Crafts for Kids**. If you are someone who is interested in saving lots of money, then type in the website on your browser for **FREE** access!

First Day of School

Across

2 We were free to go out of the class during ___

3 I wrote with a ___

6 My teacher wrote on the ___

8 My teacher read us the ___ of Snow White

9 I had ___ on my first day of school

Down

1 I made a new ___ on my first day of school

4 I had a ___ to color pictures

5 I felt ___ when I made new friends

7 I wrote inside my ___

Jenny's Fruit List

Across

3 Round orange or yellow fruit with lots of Vitamin C

5 Long yellow fruit, white and soft inside

6 A green or red crunchy fruit, it starts with the first letter of the alphabet

8 Small and purple, sweet and sour, makes good fruit wine

Down

1 A sour fruit, you have a funny looking face when you taste it

2 The red, small, fruity straw before the berry

4 Sweet yellow fruit with a big seed you cannot swallow

7 Red fruit, you love the fruit but not the stone

Happy Birthday

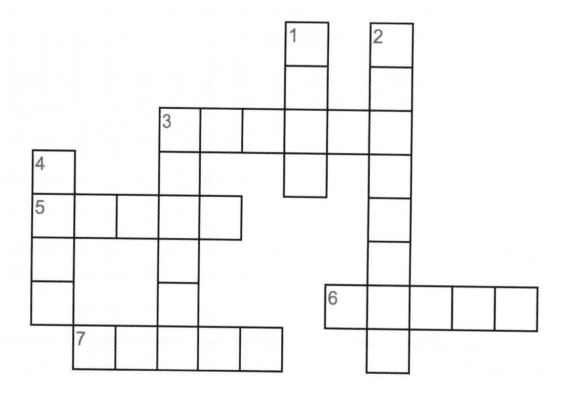

Across

3   A kind of biscuit snack
5   The covering on your birthday cake, so sweet!
6   How do feel on your birthday?
7   The taste of candy

Down

1   A snack that is part of every birthday party
2   Cold, freezing cream
3   The part of your birthday cake you have to blow out
4   A present

10

True Colors

Across

2 The color of a Rose, a primary color

3 The color of Chocolate

5 The French word 'Noir'

7 The color of a Taxi

Down

1 The color of leaves, a primary color too!

4 The name of a color, and a citrus fruit

6 The color of clear skies

Family

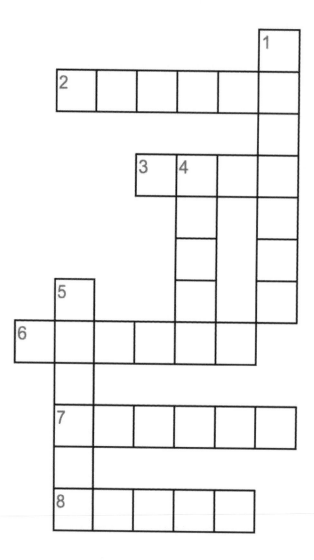

Across

2 Your Dad

3 The sister of your father or mother

6 Your Mom

7 Your female sibling

8 A daughter of your sibling

Down

1 Your male sibling

4 The brother of your father or mother

5 A child of your Aunt or Uncle

Flowers

Across

2 The red flower with thorns

5 The flower of the valley

6 A bunch of flowers

7 A place where you grow flowers

Down

1 An open container for flowers

3 The flower of the sun

4 The name of a flower, and of a color

Things I Do At Home

Across

2 My mom does the ___ when the clothes are dirty

4 '___ your clothes neatly after they are ironed'

6 '___ the dining table before dinner'

7 The meal you eat at noon

8 I ___ my bed when I wake up every morning

Down

1 The meal you eat in the morning

3 I ___ my hands after using the toilet

5 The meal you eat in the evening

Winter

Across

4 What you feel in winter
5 Hard as rock, melts into water
6 You cover yourself with one to keep warm when you sleep
8 A man of snow

Down

1 A pair of clothing to keep your hands warm
2 The second month of the year
3 A kind of jacket worn during winter
7 You wear a pair on your feet in the winter
8 It falls from the sky during winter

Day of the Week

Across

4 The fourth day of the week
6 The sixth day of the week
7 The second day of the week

Down

1 The seventh day of the week
2 The third day of the week
3 The first day of the week, the word starts with an 'M'
4 The number of weeks in a fortnight
5 The fifth day of the week

Fish in the Sea

Across

2 Big and friendly fish, they can be trained
5 The fish with a sword for battle
6 A fish that "meows"
7 You can't ride this horse

Down

1 A fish called "Glass"
3 Big and scary fish you don't want to mess with
4 The largest kind of fish
8 A fish that looks like a snake

Insects! Ouch!

Across

2 An insect that feeds on blood
3 The title of a DreamWorks movie
4 A flying dragon insect
7 The fly with a lamp

Down

1 A Colorful insect, they are everywhere during summer
5 An insect called a "lady"
6 It makes tasty honey

Male Animals

Across

4   A male Horse
5   A male Duck
7   A male Pig
8   A male Cat

Down

1   A male Cattle
2   A male Donkey
3   A male Dog
6   A male Chicken

Months

Across

2 The 8th month of the year
4 The 4th month of the year
5 The 6th month of the year
6 The 3rd month of the year
7 The 1st month of the year

Down

1 The month in which we celebrate Children's day
3 The 9th month of the year
7 The 7th month of the year

My Body

Across

2 I brush my ___ twice a day!
5 I climb with my ___
6 I kneel with my ___
7 I walk with my ___

Down

1 I eat with my ___
2 I have 10 ___ on my feet
3 I brush my ___ every morning
4 I pick with my ___

My House

Across

2   The place where food is prepared
3   'Mom does the laundry in the ___ room'
4   'We eat at the ___ table'
5   'I fell flat on the ___ because it was slippery'

Down

1   Where the family gathers for entertainment
4   'Come in, the ___ is open'
6   The top part of a house

Numbers

Across

1 The square root of 36
2 The number of fingers on your right hand
4 The number of months in a year
5 Add 4 + 5
6 Half of eight
7 The sum of toes you have on each foot

Down

1 The number of days in a week
3 The number of nothing
4 The number of days in the month of June

Plants

Across

3 The prickly part of a rose
5 A space where plants are grown
7 A weed that grows in the sea

Down

1 The part of a plant that is underground
2 The colorful blossom of a plant, it smells nice!
4 Unwanted plants, the word starts with a 'W'
5 Cows eat this
6 A plant that creeps

Solomon Grundy

Across

2 ___ on Wednesday
4 ___ on Friday
5 ___ on Sunday
6 ___ on Saturday

Down

1 ___ on Tuesday
3 This is the ___ Of Solomon Grundy!
5 ___ on Monday
7 Took ___ On Thursday

My Sense

Across

2 I see with my ___
3 The sun feels ___ on my skin
5 I smell with my ___
6 The sugar ___ sweet

Down

1 How many basic senses do you have?
2 I listen with my ___
4 I taste with my ___

Sports

Across

4 Don't get hit by the ball!

5 Touch down

6 A sport of bows, arrows, and a target

7 Up to bat

Down

1 Played on the ice

2 A hole in one

3 2 teams, a ball, and a dividing net

8 A ball game using your feet

Summer

Across

2 The seventh month of the year
3 How we move in water
4 A place with lots of sand and water to build sand castles
8 A hot big ball of light, up up in the sky!
9 A colorful insect seen a lot during summer

Down

1 A lotion that protects you from sunburn
5 ___ makes you sweat
6 Tasteless and odorless, keeps you hydrated
7 A small body of water where you can swim

Rhymes

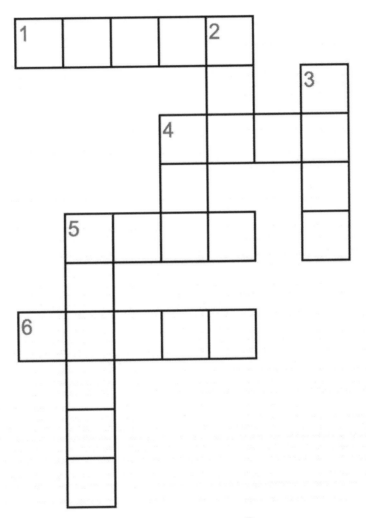

Across

1 Teach rhymes with _____

4 Car rhymes with _____

5 Stand rhymes with _____

6 Lips rhymes with _____

Down

2 Cat rhymes with _____

3 Dog rhymes with _____

4 Fun rhymes with _____

5 Cool rhymes with _____

Opposites

Across

1 The opposite of bitter is ___
2 The opposite of hot is ___
4 The opposite of asleep is ___
5 The opposite of destroy is ___
6 The opposite of up is ___

Down

1 The opposite of deep is ___
3 The opposite of enemy is ___
5 The opposite of straight is ___

Food

Across

2 A meal of oats
3 Food from bees
4 A meal eaten at noon
6 Red and hot spice
8 The inner part of an egg

Down

1 A ball of meat
3 How you feel on an empty stomach
5 Cow meat
7 Pig meat

One, Two, Three, Four, Five

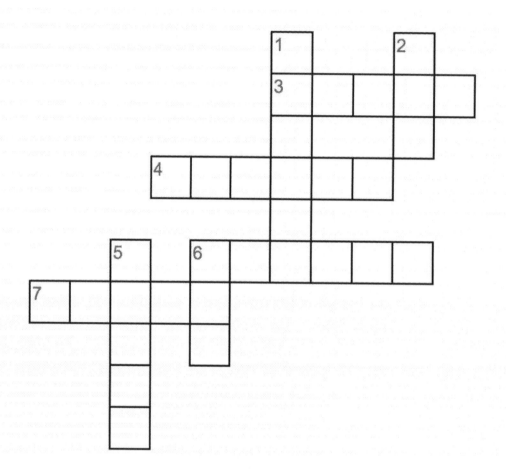

Across

3 But I let it go ___
4 Because he bit my ___ so
6 The ___ finger
7 Once I caught a fish ___

Down

1 Once I ___ a fish alive
2 Because he ___ my finger so
5 Upon the ___
6 But I ___ it go

Animal Babies

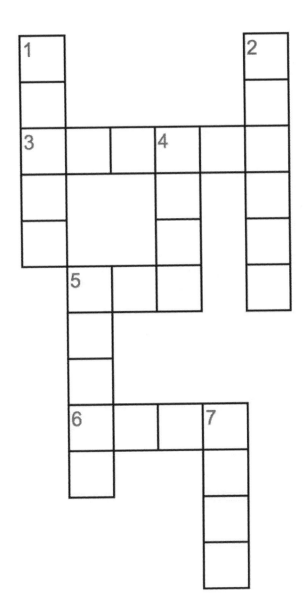

Across

3 A Baby Pig
5 A Baby Lion
6 The baby of a Cow

Down

1 The baby of a Dog
2 The baby of a Cat
4 A Baby Sheep
5 The baby of a Hen
7 A Baby Horse

Mix the Colors

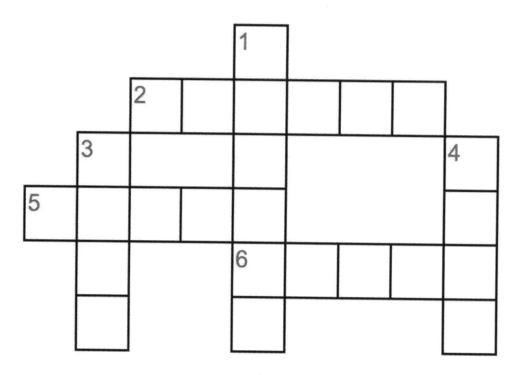

Across

2 Blue + Red
5 Red + Green
6 Yellow + Blue

Down

1 Yellow + Red
3 Black + White
4 Red + White

A Rainy Day

Across

1   A bolt in the sky
3   A loud sound in the sky
6   The sky is ___ when it rains
7   The clouds are ___ when it rains

Down

2   When it is raining, I play ___
4   I use this on a rainy day
5   The grass is ___ when it rains

A Snowy Day

Across

1 A ball of snow used to play
2 It's fun to build a ___
3 School gets cancelled
5 A house made of snow

Down

1 Laying on the snow and flapping your hands and feet makes a ___
4 Everything is ___ outside

The Kitchen

Across

2 A Kitchen is a place where we ___

3 A ___ is used to cut food

4 You can find cold drinks in the ___

5 Water runs from a ___

6 You eat your food on a ___

Down

1 A ___ is used to scoop food

3 A ___ is used to boil water

4 ___ is prepared in the Kitchen

What I Want to Be When I Grow Up

Across

1 A person who is very good at sports
2 A person who helps other people learn things
3 A person who helps people get well when they are sick
4 A person who creates music

Down

1 A person who travels into space
5 A person who makes food

38

Time

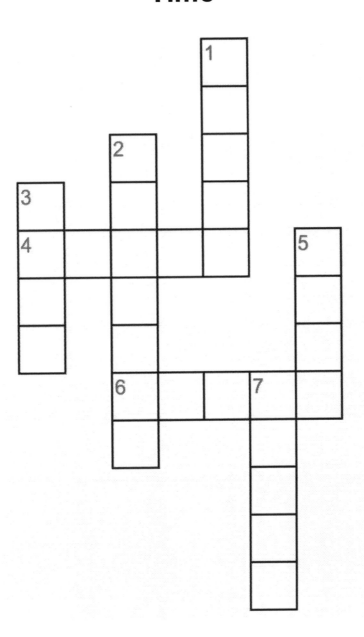

Across

4   The opposite of late
6   The opposite of day

Down

1 To be late
2 The sun rises in the ___
3 There are seven days in a ___
5 The sun sets in what direction?
7 There are 24 ___ in one day

The Rainbow

Across

3 The third color of the rainbow

4 The first color of the rainbow

7 A color found in a rainbow and is also the name of a fruit

Down

1 The rainbow appears in the ___

2 The fifth color of the rainbow

4 ___ comes before the rainbow appears

5 The number of primary colors in the rainbow

6 The number of colors in a rainbow

I Take Care of Me

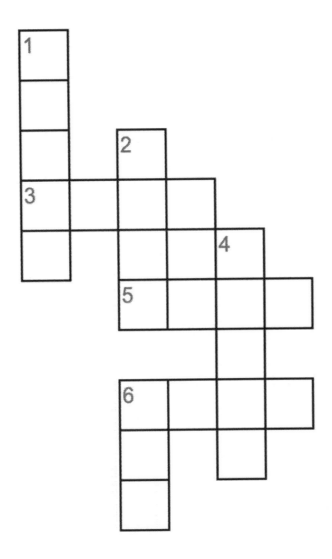

Across

3 Use ___ during a bath or shower

5 I comb my ___ everyday

6 A good ___ will keep me clean

Down

1 I ___ my teeth twice a day!

2 I ___ my hands after I use the toilet

4 I use soap to clean my ___ hands

6 Early to ___, early to rise!

Manners

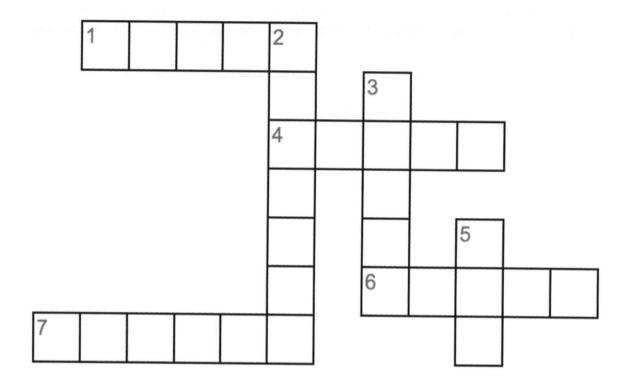

Across

1 ___ your mouth when you yawn
4 The word to apologize
6 Say ___ you when someone gives you something
7 I must always be ___

Down

2 I must ___ my elders
3 ___ your parents 'Good morning' when you wake up
5 You must never have ___ manners

42

Things That Are Fun

Across

3 Fun for the whole family!

4 Played on your device!

5 A puzzle you are solving!

6 Staying outside overnight!

7 A game where one person counts to ten!

8 Going out for a ride in the trails!

Down

1 Skating without the ice!

2 Try and catch me!

Friends

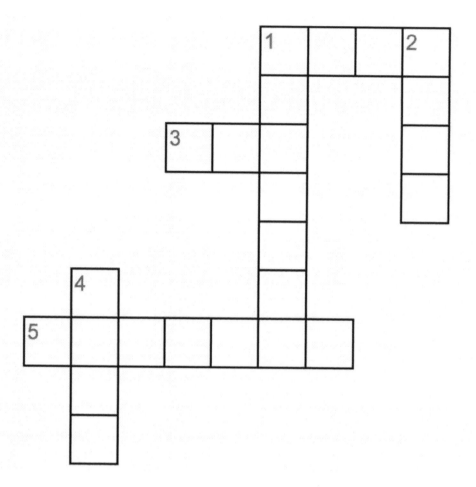

Across

1 Friends are always there to ___

3 It's always so much ___ when friends are around.

5 Friends always keep ___

Down

1 I like to ___ with my friends

2 It's fun to ___ with friends!

4 A very close friend is a ___ friend.

Vacations

Across

1 The whole family loves to go on a ___
4 On a vacation, you get to ___
5 The ___ is just as fun as the destination!
6 To learn about new things while travelling

Down

2 Takes you to your destination
3 It's always fun visiting ___ places

Let's Go to Space!

Across

2 What all planets orbit around

4 Found in the emptiness of space

6 The smallest planet in our solar system

8 What you see when you look up at the night sky

Down

1 The biggest planet in our solar system

3 A planet close to earth

5 Where we live

7 A space snowball made of frozen gas

Super Heroes

Across

2 Throws a hammer
3 Climbs walls
5 Big and green
6 Has a mechanical suit
7 Has cool vehicles

Down

1 She is an Amazon
4 Weak to kryptonite

Valentine's Day

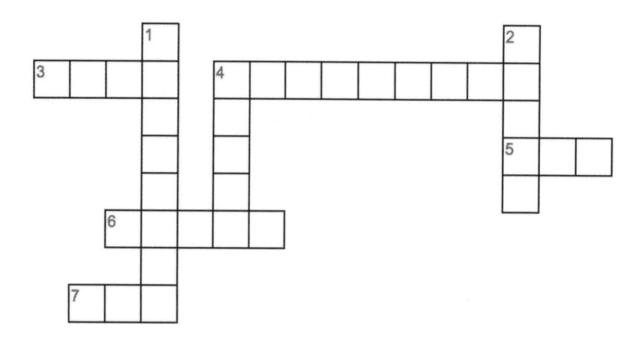

Across

3 I _____ you!
4 A delicous treat
5 Roses are _____, violets are blue
6 We exchange _____ on this day
7 The opposite of girl is a _____

Down

1 The month we celebrate Valentine's Day
2 I love you with all my _____
4 A baby angel with wings is called _____

A Trip to the Beach

Across

2 I wear a ____ at the beach

3 I am protection for your feet

5 I am big and round for shade

6 I am fun to build at the beach

Down

1 Always be safe when going inside the ____

2 ____ protects me from the sun

4 What is warm in between my toes?

7 A ____ will keep me dry

49

Animals in the Jungle

Across

3 My nose is long, and ears are BIG!

5 I am a copycat

6 My favourite food is bananas

7 I have stripes of black

Down

1 You can see me from very far away

2 I look like a horse, but I have stripes

4 I am the King of the jungle

5 A large black cat

Amusement Park

Across

1 At the theme park I have so much ___
5 Up and down, round and round!
6 There are lots of ___ at the park
7 There are so many different types of ___

Down

1 I love to visit the park with my ___
2 sometimes I have to wait in ___ for a ride
3 roller ___ are super fast and thrilling
4 It is fun to bang into each other!
6 You can win ___ playing some games

Camping Trip

Across

2 We pitched a ___ to sleep in
5 You use this to carry things

Down

1 There are lots of ___ outdoors
3 We were tired after a long ___
4 A ___ will protect us from the rain
5 Ouch! Make sure you bring ___ spray

Let's Go for a Picnic

Across

4 The food goes in a ____
5 You use me to wipe your mouth
6 This keeps the drinks cold
7 Mmmm, what a delicious

Down

1 A common bug found during a picnic
2 Make sure you drink lots of ____
3 ____ make a good picnic food
4 We laid the ___ down to sit

My Party!

Across

1 Parties are meant to ___

4 What is made of wax and has a wick for burning?

5 When you blow out your cake, you should also make a ___

7 Pin the tail on the ___

8 I can't wait for my ___ to show up!

Down

1 I can't wait to blow out my ___!

2 Cheers! Let's Make a ___

3 You will find many ___ at a party

6 What starts with a P and ends with a Y

Name That Dog Breed

Across

2 I have short stubby legs, pointy ears and a short tail

4 I have a squishy face and snore a lot

6 Also known as a career

7 I have lots of spots

Down

1 I am tan and black with a squishy face

2 I am the only breed with a purple tongue

3 I am fluffy and like the winter for sledding

5 I am small and fluffy that looks like a fox

What Am I?

Across

2 You use me when it rains

3 What is big, blue and beautiful?

5 You rest your head on me

7 I go well with maple syrup

Down

1 I can entertain the whole family

4 I am made of paper with lots of pages

6 You can put things inside me

Name That Sound

Across

2 Chirp Chirp
4 Woof
5 Hiss
6 Moo
7 Trumpet
9 Ouink Ouink!

Down

1 Ribbit
3 Roar!
4 Quack Quack
5 Baa Baa
6 Meow
8 Neigh

Bed Time

Across

1 The clothes you sleep in
3 Don't forget you wash your ___
5 Every night my parents read me a ___
6 My ___ light stays on all night
7 Always brush your ___ before bed

Down

2 Sometimes before bed I have a late night ___
4 My parents always say this before bed

How Many?

Across

1 How many socks in a pair?
2 How many seasons in a year?
3 How many fingers and toes do you have?
4 How many planets are in our solar system?
6 How many colours in a rainbow?

Down

1 How many snowballs to build a snowman?
3 How many is in a dozen?
5 How many is a single serving?

Pirates

Across

2 follow the ___ to find the treasure

5 I am used as a navigator

7 The leader of the ship

9 I carry valuable things

Down

1 These are used to move the ship

3 I am yellow in color and all pirates want me

4 Pirate use this to see far away

6 An animal pirates like to have

8 I am big and made of wood

Arctic Animals

Across

3 I am the type of animal Santa Claus uses for his sleigh

4 I am a bird that can't fly

7 A bear the is native to the Arctic

Down

1 My features are very similar to a penguin

2 Hearing my prey beneath the snow is my specialty

5 I have two tusks and love the water

6 The snow ___ is very a rare and endangered species

Things That Fly

Across

4   An animal that hangs upside down while sleeping

5   A powered flying vehicle

6   An insect that is colorful and beautiful

7   A red insect with black dots

Down

1   A very large balloon

2   You use the wind to make me fly

3   A ___ lays her eggs in her nest

8   An insect that makes honey

Electronic Devices

Across

2 You type on me
3 I capture pictures for you
4 You can use me to print your pictures
5 A computer you can take with you
7 A small device you use to click

Down

1 You watch me
6 You use me to call your friends

Things That Are Blue

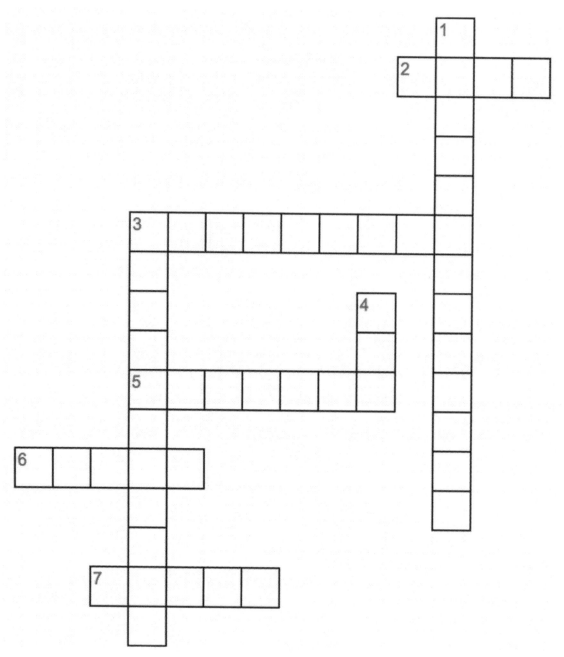

Across

2 A very forgetful fish
3 The largest whale in the ocean
5 A type of bird
6 I am a small blue mythical creature
7 A very popular type of clothing

Down

1 I am from Sesame Street and I love cookies
3 A type of berry
4 When you look up you can see me

I Spy

Across

2 Something that people wear to see better

5 Something that grows from the ground and smells nice

6 Something you pedal to move

8 Something that can fly and has an engine

Down

1 Something that is tall with leaves

3 Something that is red, a hexagon and on the corner of a street

4 Something you live in

7 Something with four wheels

Things That Are Purple

Across

1 I am from Winnie The Pooh
2 A small juicy round fruit
3 A purple dinosaur
4 I am both a type of flower and a color
6 These can be turned into prunes

Down

1 A type of vegetable that is similar to squash but is purple
5 A flower found in a garden

Things That Are Green

Across

2 A four leaf ___ is lucky
3 A very strong Marvel character
4 This frog is from The Muppets
6 My dad cuts the ___ in our yard
7 Looks like a lemon but smaller and green

Down

1 The ___ on trees change colors
2 This vegetable is used in salads
5 This animal is slow with a hard shell

Name That Sound

Across

3 gulp gulp gulp
6 woop woop
8 Ouch!
9 Toot! Oops!

Down

1 Beep Beep!
2 NEE-eu NEE-eu
4 Grrrrrr
5 Bzzzzzzz
7 Smacking your hands together

Name That Dinosaur

Across

2　I am the most dangerous of them all

3　I have three horns on my face

4　I am dangerous and hunt in packs

5　I am a flying dinosaur

6　I eat plants and have spikes down my back

Down

1　I have a very long neck and am very large

Classic Movies

Across

3 A story about a baby deer
4 A genie granted him 3 wishes
5 He was half God and half Man
6 Toys come to life

Down

1 An elephant with extra big ears
2 A story about a lost orange fish
7 A story about an Ogre and his bride

Let's Have A Sleepover

Across

1 Something that is built with blankets and chairs

3 This snack goes well with a movie

5 Let's order a ___ for dinner

6 We played many different ___

Down

1 Sleepovers are so much ___

2 Watching our favourite ___ before bed

3 Don't forget to pack these!

4 I always bring my own ___ to a sleepover

Mother Nature

Across

2 I am a word used for very bad weather conditions

4 Very strong winds rotating, causing me to twist around

5 An electric bolt between a cloud and the ground

6 The loud noise that comes with lightning

Down

1 Lava comes from inside me

3 Shaking of the ground

Famous Cats

Across

1 Alice meets him in a mysterious world

2 King of the jungle

3 I'm a pink detective!

4 Is friends with a bear, a pig, and a donkey

5 He is close with Daffy Duck

6 An orange cat who loves lasagna

Down

1 He wears a striped, tall, hat

The Weekend

Across

1   You get to ___ more tv
3   Enjoy time with the ___
5   Hangout with ___
7   Spend more time playing ___

Down

2   The teacher usually assigns work
4   I get to ___ in
6   Go out and play ___ with friends

The World

Across

2 The Eiffel Tower
4 The home of fish and chips
5 The biggest country on earth
7 Country with the biggest population

Down

1 A Portuguese speaking country in Europe
3 Known for its maple syrup and poutines
6 The land of opportunities

Things With Engines

Across

2   A motorcycle version of a boat
4   Used for far trips
5   This takes us to school!
6   A fast boat!

Down

1   2 wheels and fast!
3   Really fast in the air
7   Travels on tracks

Back to School

Across

2 This keeps all my handouts and work together

3 Carries my food

4 Used for writing

5 Can be erased and usually used for math

6 Buy some new ___ to wear to school

Down

1 I need this to write in

2 Needed to carry all my stuff

Schools Out

Across

2 No more ___
3 The next ___ months will be a blast!
5 It's time for a ___
6 No more ___ for 2 whole months!

Down

1 Now I can enjoy the ___
2 I love the ___
4 It's always so much ___ when school is out

Paw Patrol

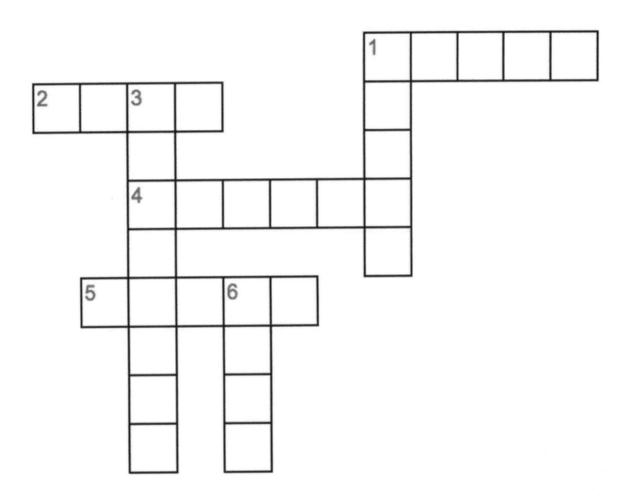

Across

1 The pup who hates bathing
2 This pup is the swimming expert of the group
4 This pups vehicle is a bulldozer
5 The police dog in the group

Down

1 The human leader of Paw Patrol
3 The firedog in the group
6 This pup takes to the sky!

Let's Play That Board Game

Across

4 You draw and your partner guesses

5 ___ and Ladders

6 Hungry Hungry ___

7 You have to find the killer in the game

Down

1 You play this on a mat with colors on the floor

2 This game is all about you and your family

3 This game is about money, buying property and trading properties

Popular TV Shows

Across

2 One famous pig

3 I wear square pants

4 I have all kinds of information about the earth

5 Ask the ___

6 No job is too big, no pup is too small

Down

1 I'm a show about dinosaurs

I Scream ICE CREAM

Across

1. This flavor is brown and delicious
2. The flavor has marshmallows and almonds
4. I am also a fruit
5. ___candy flavor is blue and pink in color
6. Mmmmm Cookies and ___

Down

1. I can also be eaten raw before baking
3. This is a very popular flavor that is yellow

82

Insects

Across

1 You will definitely see me if you have a BBQ

4 I make noise in the bush, especially at night

6 If I bite you, you get very itchy

7 I am usually found on animals and make them itchy

Down

2 I live in a colony and the queen is what holds us together

3 I am a flying insect that is similar to a butterfly

5 A caterpillar lives inside me before they become a butterfly

Famous Dogs

Across

2 A lightning symbol can be found on me

4 A very large red dog

5 Charlie Brown is a great friend of mine

6 I have a funny laugh and Mickey Mouse is my pal

Down

1 I am a bloodhound and I am also friends with Mickey Mouse

2 I am a Pomeranian with a cute haircut that makes me look like a bear

3 Shaggy and I solve mysteries together with the gang

Name That State

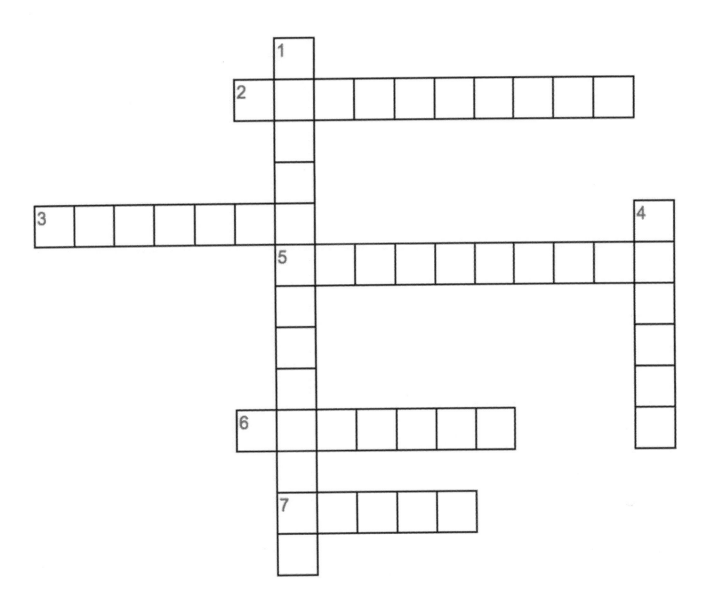

Across

2 The White House is located here
3 Disney World is found here
5 I hold the most people in the USA
6 I am home to the Statue of Liberty
7 Country Music is very popular here

Down

1 The Red Sox play for this state
4 Moana lives in this state

Types of Nuts

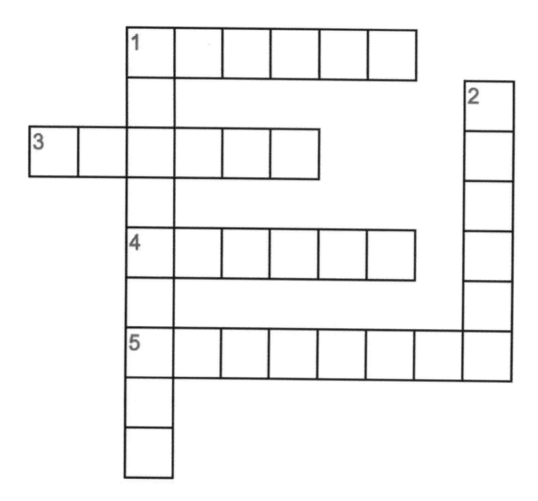

Across

1 ___ butter and jelly make a tasty sandwich
3 I am in the shape of a 'C'
4 I can be made into milk
5 Nutella is made with this type of nut

Down

1 I am commonly used in ice cream
2 This nut resembles a human brain

Can't Wait for Dessert

Across

1 I am found in a Boston Cream donut
2 A yummy, chocolate squared, dessert
4 I am on a stick and melt in the heat
5 This pie is great during the fall
6 Raw dough cooked will make a ___

Down

1 I am made with cream cheese
3 I can also be eaten for breakfast with syrup

Things That Are Yellow

Across

3 I am used for writing and have an eraser on one end

4 Lemonade is made with this fruit.

5 This food is made from milk and cream

6 Popcorn comes from this vegetable

Down

1 A yellow car that drives people who pay

2 A tall flower with black seeds in the middle

5 What is a baby chicken called?

Finish the Line

Across

2 The mall was a ___ during Christmas Season

5 You can't teach an old dog new ___

7 You are the ___ of my eye

8 Always keep your eyes ___

9 Do you have ants in your ___?

Down

1 He has the weight of the world on his ___

3 He walked as slow as a ___

4 When you keep dropping things you have butter ___

6 Friends are like two peas in a ___

It's Christmas

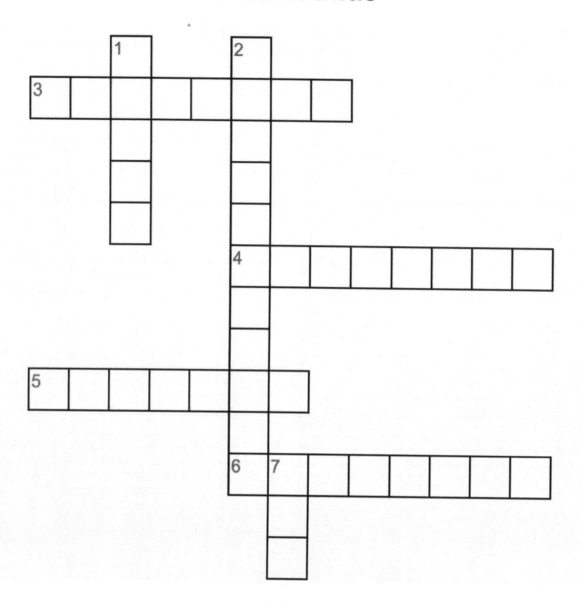

Across

3 What you hang up for Christmas
4 The animal that pulls Santa's Sleigh
5 Santa comes down the ___
6 The month of Christmas

Down

1 A plant with green and spiky leaves and red berries
2 Christmas cookies in the shape of houses and men
7 The day before Christmas is Christmas ___

"B" For What?

Across

2 B for something you can ride on the water
3 B for something with two wheels
4 B for the color of the Sky
5 B for a kind of Monkey

Down

1 B for the opposite of good
2 B for a Newborn
3 B for a room where you sleep
5 B for a place you keep your Money

Halloween

Across

4 The month when we celebrate Halloween

5 A big fruit used to make scary faces

6 Trick or ___

Down

1 A white scary being that is believed to appear on Halloween night

2 Halloween costumes can be very ___

3 It's the best time to wear a ___

6 An act done on Halloween to scare people

Peter Pan

Across

2 Peter Pan is a ___ boy
4 ___ live in the treetops in Neverland
6 Tiger Lily is an ___ princess
7 Captain ___ is a wicked Pirate in the story

Down

1 ___ were swimming in a Lagoon
3 Peter lives in an underground house in a big hollow ___
5 The children flew out the ___ to Neverland

The Earth

Across

2 The ___ is a large body of water

3 A piece of Rock

4 A large and high hill

Down

1 A body of water surrounded by land

2 A gas we inhale as we breathe

3 A top layer of the surface of the earth in which plants can grow

4 A picture of the Earth that guides you

Pinocchio

Across

1   Anytime Pinocchio lied, his ___ would grow

5   Pinocchio lived in a village near a place called

6   Pinocchio left school to join a

7   Pinocchio's father was swallowed up by a huge

Down

2   Pinocchio saw his father in the ___ of the Whale

3   A ___ fulfilled Geppetto's wish for Pinocchio to become a real boy

4   Geppetto carved Pinocchio as a wooden ___

Easter

Across

2 The ___ of my Easter Egg is Purple
4 The day after Easter Sunday
6 Decorated ___ are given as gifts in Easter
7 Easter egg ___ is a game where you search for Easter goodies

Down

1 The season when Easter is celebrated
3 Easter Eggs are packed in a ___
5 Another word for a Rabbit

96

Thanksgiving

Across

3 The season when Thanksgiving is celebrated
4 A time to gather with the ___
5 Thanksgiving is a time to give ___
6 A really good ___ pie was served

Down

1 A yellow vegetable served at thanksgiving
2 The turkey has ___ inside
5 Meat from a large domestic fowl

Spring Time!

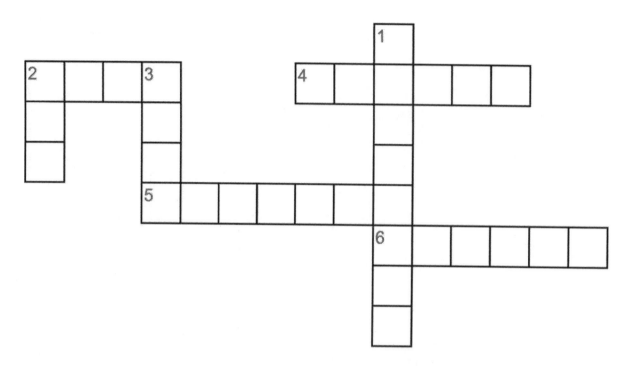

Across

2 Birds ___ lovely tunes
4 A light ___ is in the forecast
5 The ___ is great all through Spring
6 The colorful part of a plant

Down

1 Spring is a very ___ season
2 The ___ shines bright
3 It's the time for plants to

Disney Movies

Across

2   ___ and the Beast

3   The Lion ___

6   Rapunzel is a girl with long ___

7   Snow White is friends with seven ___

Down

1   The wicked ___ of the kingdom did not like Snow White

4   The Prince had one of Cinderella's pair of ___ slippers to find her

5   ___ mirror on the wall

8   She is a mermaid

Father's Day

Across

1 A day to celebrate your ___
2 Give Dad a warm ___ and kiss and tell him you love him
4 You give Dad a greeting ___ on Father's Day
5 The month when we celebrate Father's Day
6 My dad is the ___ in the world

Down

1 Father taught me how to ___ on our last fishing trip
3 Another word for 'Happy'. I am ___ to have my Dad
4 I can always ___ on my dad

Mother's Day

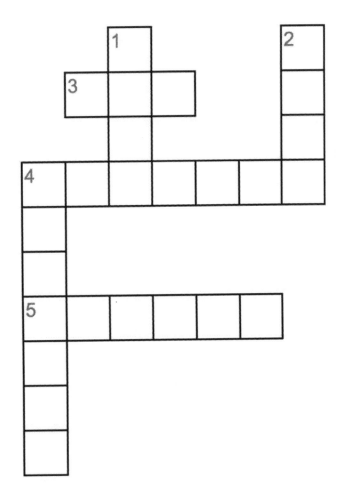

Across

3   You have the best ___ in the world!

4   Mom helps me ___ for school in the morning

5   The day we celebrate Mother's Day

Down

1   I ___ my mother because she is very caring

2   A mother keeps the ___ together

4   Give mother a ___ to show her you love her

My Learning Materials

Across

4 A liquid mixture I use to paint

5 It makes things stick together

6 I use it for erasing

7 I use it to write and draw

Down

1 I use it to sharpen my pencil and crayon

2 I use it to write

3 I use it to draw straight lines

Tasty Drinks

Across

3 A drink made from cocoa, milk and sugar

4 A drink made from boiling tea leaves

6 Liquid pressed from fruits or vegetables

Down

1 A drink made from carbonated water

2 A clear and colorless drink that has no taste

3 A dark, bitter drink made from ground coffee beans

5 A white nutritious liquid we get from cows

How Do You Feel?

Across

1 To feel frightened or fearful
2 How you feel when you do something that is boring
3 How you feel when you have no strength or energy
5 Feeling ready to sleep
6 To be unhappy

Down

1 Excited or shocked by something unexpected
4 To feel glad and fortunate

Sum It Up!

Across

1   99 - 20 - 30 + 26
2   8 + 5
3   7 + 4 + 10 + 32
4   16 + 19
5   7 + 7
6   10 + 6

Down

1 41 + 32

Who Is In the Garden?

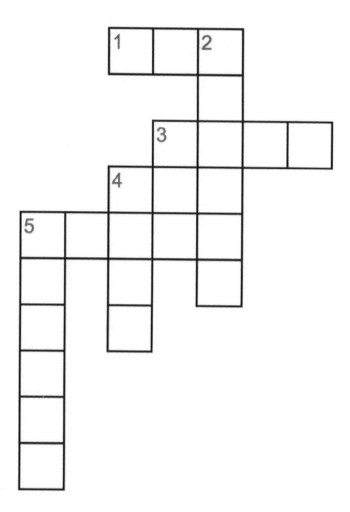

Across

1 Something you plant flowers in
3 A pronged tool, like the one you use to eat noodles
5 A tool with a broad blade used to dig and move soil when planting

Down

2 A small flat blade used for digging
4 A long-handled tool with a row of teeth at its head; used to gather leaves or weed
5 Big garden scissors

Kinds of Furniture

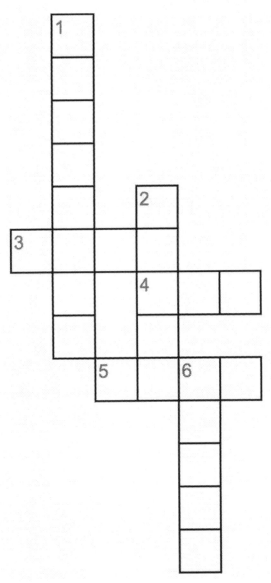

Across

3 A seat for more than one person
4 What you sleep on in the Bedroom
5 A table with drawers where you sit to do your homework

Down

1 A place to store clothes
2 It has a flat top and one or more legs
6 A simple seat without a back or arms

What's That Used For?

Across

2 I show you the time
5 You use me to start a campfire
6 You use me to get rid of tangles

Down

1 I keep you warm from the cold when you are outside
3 I can cut through wood
4 I go in between your teeth for an extra clean

Answers

First Day of School

Across

2 We were free to go out of the class during **recess**
3 I wrote with a **pencil**
6 My teacher wrote on the **board**
8 My teacher read us the **story** of Snow White
9 I had **fun** on my first day of school

Down

1 I made a new **friend** on my first day of school
4 I had a **crayon** to color pictures
5 I felt **happy** when I made new friends
7 I wrote inside my **book**

Jenny's Fruit List

Across

3 Round orange or yellow fruit with lots of Vitamin C **Orange**
5 Long yellow fruit, white and soft inside **Banana**
6 A green or red crunchy fruit, it starts with the first letter of the alphabet **Apple**
8 Small and purple, sweet and sour, makes good fruit wine **Grape**

Down

1 A sour fruit, you have a funny looking face when you taste it **Lemon**
2 The red, small, fruity straw before the berry **Strawberry**
4 Sweet yellow fruit with a big seed you cannot swallow **Mango**
7 Red fruit, you love the fruit but not the stone **Peach**

Happy Birthday

Across

3 A kind of biscuit snack **Cookie**
5 The covering on your birthday cake, so sweet! **Icing**
6 How do feel on your birthday? **Happy**
7 The taste of candy **Sweet**

Down

1 A snack that is part of every birthday party **Cake**
2 Cold, freezing cream **Ice cream**
3 The part of your birthday cake you have to blow out **Candle**
4 A present **Gift**

True Colors

Across

2 The color of a Rose, a primary color **Red**
3 The color of Chocolate **Brown**
5 The French word 'Noir' **Black**
7 The color of a Taxi **Yellow**

Down

1 The color of leaves, a primary color too! **Green**
4 The name of a color, and a citrus fruit **Orange**
6 The color of clear skies **Blue**

Family

Across

2 Your Dad **Father**
3 The sister of your father or mother **Aunt**
6 Your Mom **Mother**
7 Your female sibling **Sister**
8 A daughter of your sibling **Niece**

Down

1 Your male sibling **Brother**
4 The brother of your father or mother **Uncle**
5 A child of your Aunt or Uncle **Cousin**

Flowers

Across

2 The red flower with thorns **Rose**
5 The flower of the valley **Lily**
6 A bunch of flowers **Bouquet**
7 A place where you grow flowers **Garden**

Down

1 An open container for flowers **Vase**
3 The flower of the sun **Sunflower**
4 The name of a flower, and of a color **Violet**

Things I Do At Home

Across

2　My mom does the **laundry** when the clothes are dirty

4　**'fold** your clothes neatly after they are ironed'

6　'**set** the dining table before dinner'

7　The meal you eat at noon **Lunch**

8　I **make** my bed when I wake up every morning

Down

1　The meal you eat in the morning **Breakfast**

3　I **wash** my hands after using the toilet

5　The meal you eat in the evening **Dinner**

Winter

Across

4　What you feel in winter **Cold**

5　Hard as rock, melts into water **Ice**

6　You cover yourself with one to keep warm when you sleep **Blanket**

8　A man of snow **Snowman**

Down

1　A pair of clothing to keep your hands warm **Gloves**

2　The second month of the year **February**

3　A kind of jacket worn during winter **Coat**

7　You wear a pair on your feet in the winter **Boots**

8　It falls from the sky during winter **Snow**

Day of the Week

Across

4　The fourth day of the week **Thursday**

6　The sixth day of the week **Saturday**

7　The second day of the week **Tuesday**

Down

1　The seventh day of the week **Sunday**

2　The third day of the week **Wednesday**

3　The first day of the week, the word starts with an 'M'**Monday**

4　The number of weeks in a fortnight **Two**

5　The fifth day of the week **Friday**

Fish in the Sea

Across

2 Big and friendly fish, they can be trained **Dolphin**

5 The fish with a sword for battle **Swordfish**

6 A fish that "meows" **Catfish**

7 You can't ride this horse **Seahorse**

Down

1 A fish called "Glass" **Glassfish**

3 Big and scary fish you don't want to mess with **Shark**

4 The largest kind of fish **Whale**

8 A fish that looks like a snake **Eel**

Insects! Ouch!

Across

2 An insect that feeds on blood **Mosquito**

3 The title of a DreamWorks movie **Ants**

4 A flying dragon insect **Dragonfly**

7 The fly with a lamp **Firefly**

Down

1 A Colorful insect, they are everywhere during summer **Butterfly**

5 An insect called a "lady" **Ladybug**

6 It makes tasty honey **Bee**

Male Animals

Across

4 A male Horse **Stallion**

5 A male Duck **Drake**

7 A male Pig **Boar**

8 A male Cat **Tom**

Down

1 A male Cattle **Bull**

2 A male Donkey **Jack**

3 A male Dog **Dog**

6 A male Chicken **Rooster**

Months

Across

2   The 8th month of the year **August**

4   The 4th month of the year **April**

5   The 6th month of the year **June**

6   The 3rd month of the year **March**

7   The 1st month of the year **January**

Down

1   The month in which we celebrate Children's day **May**

3   The 9th month of the year **September**

7   The 7th month of the year **July**

My Body

Across

2   I brush my **teeth** twice a day!

5   I climb with my **hands**

6   I kneel with my **knees**

7   I walk with my **legs**

Down

1   I eat with my **mouth**

2   I have 10 **toes** on my feet

3   I brush my **hair** every morning

4   I pick with my **fingers**

My House

Across

2   The place where food is prepared **Kitchen**

3   'Mom does the laundry in the **laundry** room'

4   'We eat at the **dinner** table'

5   'I fell flat on the **floor** because it was slippery'

Down

1   Where the family gathers for entertainment **Livingroom**

4   'Come in, the **door** is open'

6   The top part of a house **Roof**

Numbers

Across

1 The square root of 36 **six**
2 The number of fingers on your right hand **five**
4 The number of months in a year **twelve**
5 Add 4 + 5 **nine**
6 Half of eight **four**
7 The sum of toes you have on each foot **ten**

Down

1 The number of days in a week **seven**
3 The number of nothing **zero**
4 The number of days in the month of June **thirty**

Plants

Across

3 The prickly part of a rose **thorn**
5 A space where plants are grown **garden**
7 A weed that grows in the sea **seaweed**

Down

1 The part of a plant that is underground **root**
2 The colorful blossom of a plant, it smells nice! **flower**
4 Unwanted plants, the word starts with a 'W' **weeds**
5 Cows eat this **grass**
6 A plant that creeps **vine**

Solomon Grundy

Across

2 **Married** on Wednesday
4 **Worse** on Friday
5 **Buried** on Sunday
6 **Died** on Saturday

Down

1 **Christened** on Tuesday
3 This is the **end** Of Solomon Grundy!
5 **Born** on Monday
7 Took **ill** On Thursday

My Senses

Across

2 I see with my **eyes**
3 The sun feels **hot** on my skin
5 I smell with my **nose**
6 The sugar **tastes** sweet

Down

1 How many basic senses do you have? **five**
2 I listen with my **ears**
4 I taste with my **tongue**

Sports

Across

4 Don't get hit by the ball! **Dodgeball**
5 Touch down **Football**
6 A sport of bows, arrows, and a target **Archery**
7 Up to bat **Baseball**

Down

1 Played on the ice **Hockey**
2 A hole in one **Golf**
3 2 teams, a ball, and a dividing net **Volleyball**
8 A ball game using your feet **Soccer**

Summer

Across

2 The seventh month of the year **July**
3 How we move in water **Swim**
4 A place with lots of sand and water to build sand castles **Beach**
8 A hot big ball of light, up up in the sky! **Sun**
9 A colorful insect seen a lot during summer **Butterfly**

Down

1 A lotion that protects you from sunburn **Sunscreen**
5 **Heat** makes you sweat
6 Tasteless and odorless, keeps you hydrated **Water**
7 A small body of water where you can swim **Pool**

Opposites

Across

1 The opposite of bitter is **sweet**
2 The opposite of hot is **cold**
4 The opposite of asleep is **awake**
5 The opposite of destroy is **build**
6 The opposite of up is **down**

Down

1 The opposite of deep is **shallow**
3 The opposite of enemy is **friend**
5 The opposite of straight is **bent**

Rhymes

Across

1 Teach rhymes with **beach**
4 Car rhymes with **star**
5 Stand rhymes with **sand**
6 Lips rhymes with **chips**

Down

2 Cat rhymes with **hat**
3 Dog rhymes with **frog**
4 Fun rhymes with **sun**
5 Cool rhymes with **school**

Food

Across

2 A meal of oats **Oatmeal**
3 Food from bees **Honey**
4 A meal eaten at noon **Lunch**
6 Red and hot spice **Pepper**
8 The inner part of an egg **Yolk**

Down

1 A ball of meat **Meatball**
3 How you feel on an empty stomach **Hungry**
5 Cow meat **Beef**
7 Pig meat **Pork**

One, Two, Three, Four, Five

Across

3 But I let it go **again**
4 Because he bit my **finger** so
6 The **little** finger
7 Once I caught a fish **alive**

Down

1 Once I **caught** a fish alive
2 Because he **bit** my finger so
5 Upon the **right**
6 But I **let** it go

Animal Babies

Across

3 A Baby Pig **Piglet**
5 A Baby Lion **Cub**
6 The baby of a Cow **Calf**

Down

1 The baby of a Dog **Puppy**
2 The baby of a Cat **Kitten**
4 A Baby Sheep **Lamb**
5 The baby of a Hen **Chick**
7 A Baby Horse **Foal**

Mix the Colors

Across

2 Blue + Red **Purple**
5 Red + Green **Brown**
6 Yellow + Blue **Green**

Down

1 Yellow + Red **Orange**
3 Black + White **Gray**
4 Red + White **Pink**

A Rainy Day

Across

1 A bolt in the sky **Lightning**
3 A loud sound in the sky **Thunder**
6 The sky is **covered** when it rains
7 The clouds are **dark** when it rains

Down

2 When it is raining, I play **inside**
4 I use this on a rainy day **Umbrella**
5 The grass is **wet** when it rains

A Snowy Day

Across

1 A ball of snow used to play **Snowball**
2 It's fun to build a **snowman**
3 School gets cancelled **Snow day**
5 A house made of snow **Igloo**

Down

1 Laying on the snow and flapping your hands and feet makes a **Snow angel**
4 Everything is **white** outside

The Kitchen

Across

2 A Kitchen is a place where we **cook**
3 A **knife** is used to cut food
4 You can find cold drinks in the **fridge**
5 Water runs from a **tap**
6 You eat your food on a **plate**

Down

1 A **spoon** is used to scoop food
3 A **kettle** is used to boil water
4 **Food** is prepared in the Kitchen

What I Want to Be When I Grow Up

Across

1 A person who is very good at sports **Athlete**
2 A person who helps other people learn things **Teacher**
3 A person who helps people get well when they are sick **Doctor**
4 A person who creates music **Musician**

Down

1 A person who travels into space **Astronaut**
5 A person who makes food **Chef**

Time

Across

4 The opposite of late **Early**

6 The opposite of day **Night**

Down

1 To be late **Tardy**

2 The sun rises in the **west**

3 There are seven days in a **week**

5 The sun sets in what direction? **West**

7 There are 24 **hours** in one day

The Rainbow

Across

3 The third color of the rainbow **Yellow**

4 The first color of the rainbow **Red**

7 A color found in a rainbow and is also the name of a fruit **Orange**

Down

1 The rainbow appears in the **sky**

2 The fifth color of the rainbow **Blue**

4 **Rain** comes before the rainbow appears

5 The number of primary colors in the rainbow **Three**

6 The number of colors in a rainbow **Seven**

I Take Care of Me

Across

3 Use **soap** during a bath or shower

5 I comb my **hair** everyday

6 A good **bath** will keep me clean

Down

1 I **brush** my teeth twice a day!

2 I **wash** my hands after I use the toilet

4 I use soap to clean my **dirty** hands

6 Early to **bed**, early to rise!

Manners

Across

1 **Cover** your mouth when you yawn
4 The word to apologize **Sorry**
6 Say **thank** you when someone gives you something
7 I must always be **honest**

Down

2 I must **respect** my elders
3 **Greet** your parents 'Good morning' when you wake up
5 You must never have **bad** manners

Things That Are Fun

Across

3 Fun for the whole family! **Board games**
4 Played on your device! **Videogames**
5 A puzzle you are solving! **Crossword**
6 Staying outside overnight! **Camping**
7 A game where one person counts to ten! **Hide and seek**
8 Going out for a ride in the trails! **Biking**

Down

1 Skating without the ice! **Roller skating**
2 Try and catch me! **Tag**

Friends

Across

1 Friends are always there to **help**
3 It's always so much **fun** when friends are around.
5 Friends always keep **secrets**

Down

1 I like to **hang out** with my friends
2 It's fun to **play** with friends!
4 A very close friend is a **best** friend.

Vacations

Across

1 The whole family loves to go on a **vacation**
4 On a vacation, you get to **relax**
5 The **trip** is just as fun as the destination!
6 To learn about new things while travelling **Explore**

Down

2 Takes you to your destination **Airplane**
3 It's always fun visiting **new** places

Let's Go to Space!

Across

2 What all planets orbit around **Sun**
4 Found in the emptiness of space **Asteroid**
6 The smallest planet in our solar system **Mercury**
8 What you see when you look up at the night sky **Stars**

Down

1 The biggest planet in our solar system **Jupiter**
3 A planet close to earth **Mars**
5 Where we live **Earth**
7 A space snowball made of frozen gas **Comet**

Super Heroes

Across

2 Throws a hammer **Thor**
3 Climbs walls **Spirderman**
5 Big and green **Hulk**
6 Has a mechanical suit **Ironman**
7 Has cool vehicles **Batman**

Down

1 She is an Amazon **Wonder woman**
4 Weak to kryptonite **Superman**

Valentine's Day

Across

3 I **love** you!
4 A delicious treat **Chocolate**
5 Roses are **red**, violets are blue
6 We exchange **cards** on this day
7 The opposite of girl is a **boy**

Down

1 The month we celebrate Valentine's Day **February**
2 I love you with all my **heart**
4 A baby angel with wings is called **cupid**

A Trip to the Beach

Across

2 I wear a **swimsuit** at the beach
3 I am protection for your feet **Sandals**
5 I am big and round for shade **Umbrella**
6 I am fun to build at the beach **Castle**

Down

1 Always be safe when going inside the **water**
2 **Sunscreen** protects me from the sun
4 What is warm in between my toes? **Sand**
7 A **towel** will keep me dry

Animals in the Jungle

Across

3 My nose is long, and ears are BIG! **Elephant**
5 I am a copycat **Parrot**
6 My favourite food is bananas **Monkey**
7 I have stripes of black **Tiger**

Down

1 You can see me from very far away **Giraffe**
2 I look like a horse, but I have stripes **Zebra**
4 I am the King of the jungle **Lion**
5 A large black cat **Panther**

Amusement Park

Across

1 At the theme park I have so much **fun**
5 Up and down, round and round! **Merry go round**
6 There are lots of **people** at the park
7 There are so many different types of **rides**

Down

1 I love to visit the park with my **family**
2 sometimes I have to wait in **line** for a ride
3 roller **coasters** are super fast and thrilling
4 It is fun to bang into each other! **Bumper cars**
6 You can win **prizes** playing some games

Camping Trip

Across

2 We pitched a **tent** to sleep in
5 You use this to carry things **Backpack**

Down

1 There are lots of **insects** outdoors
3 We were tired after a long **hike**
4 A **tarp** will protect us from the rain
5 Ouch! Make sure you bring **bug** spray

Let's Go for a Picnic

Across

4 The food goes in a **basket**
5 You use me to wipe your mouth **Napkin**
6 This keeps the drinks cold **Cooler**
7 Mmmm, what a delicious **pie**

Down

1 A common bug found during a picnic **Ants**
2 Make sure you drink lots of **water**
3 **Sandwiches** make a good picnic food
4 We laid the **blanket** down to sit

My Party!

Across

1 Parties are meant to **celebrate**
4 What is made of wax and has a wick for burning? **Candle**
5 When you blow out your cake, you should also make a **wish___**
7 Pin the tail on the **donkey**
8 I can't wait for my **friends** to show up!

Down

1 I can't wait to blow out my **cake!**
2 Cheers! Let's Make a **toast**
3 You will find many **balloons** at a party
6 What starts with a P and ends with a Y **Party**

Name That Dog Breed

Across

2 I have short stubby legs, pointy ears and a short tail **Corgi**
4 I have a squishy face and snore a lot **Bulldog**
6 Also known as a career **Boxer**
7 I have lots of spots **Dalmatian**

Down

1 I am tan and black with a squishy face **Pug**
2 I am the only breed with a purple tongue **ChowC how**
3 I am fluffy and like the winter for sledding **Husky**
5 I am small and fluffy that looks like a fox **Pomeranian**

What Am I?

Across

2 You use me when it rains **Umbrella**
3 What is big, blue and beautiful? **Ocean**
5 You rest your head on me **Pillow**
7 I go well with maple syrup **Pancakes**

Down

1 I can entertain the whole family **Television**
4 I am made of paper with lots of pages **Books**
6 You can put things inside me **Bag**

Name That Sound

Across

2 Chirp Chirp **Bird**
4 Woof **Dog**
5 Hiss **Snake**
6 Moo **Cow**
7 Trumpet **Elephant**
9 Ouink Ouink! **Pig**

Down

1 Ribbit **Frog**
3 Roar! **Lion**
4 Quack Quack **Duck**
5 Baa Baa **Sheep**
6 Meow **Cat**
8 Neigh **Horse**

Bed Time

Across

1 The clothes you sleep in **Pajamas**
3 Don't forget you wash your **face**
5 Every night my parents read me a **book**
6 My **night** light stays on all night
7 Always brush your **teeth** before bed

Down

2 Sometimes before bed I have a late night **snack**
4 My parents always say this before bed **Goodnight**

How Many?

Across

1 How many socks in a pair? **Two**
2 How many seasons in a year? **Four**
3 How many fingers and toes do you have? **Twenty**
4 How many planets are in our solar system? **Eight**
6 How many colours in a rainbow? **Seven**

Down

1 How many snowballs to build a snowman? **Three**
3 How many is in a dozen? **Twelve**
5 How many is a single serving? **One**

Pirates

Across

2 follow the **map** to find the treasure

5 I am used as a navigator **Compass**

7 The leader of the ship **Captain**

9 I carry valuable things **Chest**

Down

1 These are used to move the ship **Sails**

3 I am yellow in color and all pirates want me **Gold**

4 Pirate use this to see far away **Spyglass**

6 An animal pirates like to have **Parrot**

8 I am big and made of wood **Ship**

Arctic Animals

Across

3 I am the type of animal Santa Claus uses for his sleigh **Reindeer**

4 I am a bird that can't fly **Penguin**

7 A bear the is native to the Arctic **Polar Bear**

Down

1 My features are very similar to a penguin **Puffin**

2 Hearing my prey beneath the snow is my specialty **Arctic Fox**

5 I have two tusks and love the water **Walrus**

6 The snow **leopard** is a very rare and endangered species

Things That Fly

Across

4 An animal that hangs upside down while sleeping **Bat**

5 A powered flying vehicle **Airplane**

6 An insect that is colorful and beautiful **Butterfly**

7 A red insect with black dots **Ladybug**

Down

1 A very large balloon **Hot Air Balloon**

2 You use the wind to make me fly **Kite**

3 A **bird** lays her eggs in her nest

8 An insect that makes honey **Bee**

Electronic Devices

Across

2 You type on me **Keyboard**

3 I capture pictures for you **Camera**

4 You can use me to print your pictures **Printer**

5 A computer you can take with you **Laptop**

7 A small device you use to click **Mouse**

Down

1 You watch me **Television**

6 You use me to call your friends **Phone**

Things That Are Blue

Across

2 A very forgetful fish **Dory**

3 The largest whale in the ocean **Blue whale**

5 A type of bird **Bluejay**

6 I am a small blue mythical creature **Smirf**

7 A very popular type of clothing **Jeans**

Down

1 I am from Sesame Street and I love cookies **Cookie Monster**

3 A type of berry **Blueberries**

4 When you look up you can see me **Sky**

I Spy

Across

2 Something that people wear to see better **Glasses**

5 Something that grows from the ground and smells nice **Flowers**

6 Something you pedal to move **Bicycle**

8 Something that can fly and has an engine **Plane**

Down

1 Something that is tall with leaves **Tree**

3 Something that is red, a hexagon and on the corner of a street **Stop Sign**

4 Something you live in **House**

7 Something with four wheels **Car**

Things That Are Purple

Across

1 I am from Winnie The Pooh **Eeyore**

2 A small juicy round fruit **Grapes**

3 A purple dinosaur **Barney**

4 I am both a type of flower and a color **Violet**

6 These can be turned into prunes **Plum**

Down

1 A type of vegetable that looks similar to squash but is purple **Eggplant**

5 A flower found in a garden **Lilac**

Things That Are Green

Across

2 A four leaf **clover** is lucky

3 A very strong Marvel character **Hulk**

4 This frog is from The Muppets **Kermit**

6 My dad cuts the **grass** in our yard

7 Looks like a lemon but smaller and green **Lime**

Down

1 The **leaves** on trees change colors

2 This vegetable is used in salads **Cucumber**

5 This animal is slow with a hard shell **Turtle**

Name That Sound

Across

3 gulp gulp gulp **Drinking**

6 woop woop **Police**

8 Ouch! **Pain**

9 Toot! Oops! **Fart**

Down

1 Beep Beep! **Horn**

2 NEE-eu NEE-eu **Siren**

4 Grrrrrr **Growl**

5 Bzzzzzzz Wasp

7 Smacking your hands together **Clap**

Name That Dinosaur

Across

2 I am the most dangerous of them all **Tyrannosaurus**

3 I have three horns on my face **Triceratops**

4 I am dangerous and hunt in packs **Velociraptor**

5 I am a flying dinosaur **Pterodactyl**

6 I eat plants and have spikes down my back **Stegosaurus**

Down

1 I have a very long neck and am very large **Brachiosaurus**

Classic Movies

Across

3 A story about a baby deer **Bambi**

4 A genie granted him 3 wishes **Aladdin**

5 He was half God and half Man **Hercules**

6 Toys come to life **Toy Story**

Down

1 An elephant with extra big ears **Dumbo**

2 A story about a lost orange fish **Finding Nemo**

7 A story about an Ogre and his bride **Shrek**

Let's Have A Sleepover

Across

1 Something that is built with blankets and chairs **Fort**

3 This snack goes well with a movie **Popcorn**

5 Let's order a **pizza** for dinner

6 We played many different **games**

Down

1 Sleepovers are so much **fun**

2 Watching our favourite **movie** before bed

3 Don't forget to pack these! **Pajamas**

4 I always bring my own **pillow** to a sleepover

Mother Nature

Across

2 I am a word used for very bad weather conditions **Storm**

4 Very strong winds rotating, causing me to twist around **Tornado**

5 An electric bolt between a cloud and the ground **Lightning**

6 The loud noise that comes with lightning **Thunder**

Down

1 Lava comes from inside me **Volcano**

3 Shaking of the ground **Earthquake**

Famous Cats

Across

1 Alice meets him in a mysterious world **Cheshire**

2 King of the jungle **Simba**

3 I'm a pink detective! **Pink Panther**

4 Is friends with a bear, a pig, and a donkey **Tigger**

5 He is close with Daffy Duck **Sylvester**

6 An orange cat who loves lasagna **Garfield**

Down

1 He wears a striped, tall, hat **Cat in the Hat**

The Weekend

Across

1 You get to **watch** more tv
3 Enjoy time with the **family**
5 Hangout with **friends**
7 Spend more time playing **games**

Down

2 The teacher usually assigns work **Homework**
4 I get to **sleep** in
6 Go out and play **sports** with friends

The World

Across

2 The Eiffel Tower **France**
4 The home of fish and chips **England**
5 The biggest country on earth **Russia**
7 Country with the biggest population **China**

Down

1 A Portuguese speaking country in Europe **Portugal**
3 Known for its maple syrup and poutines **Canada**
6 The land of opportunities **USA**

Things With Engines

Across

2 A motorcycle version of a boat **Jet ski**
4 Used for far trips **Airplane**
5 This takes us to school! **Car**
6 A fast boat! **Speedboat**

Down

1 2 wheels and fast! **Motorcycle**
3 Really fast in the air **Jet**
7 Travels on tracks **Train**

Back to School

Across

2 This keeps all my handouts and work together **Binder**

3 Carries my food **Lunch bag**

4 Used for writing **Pen**

5 Can be erased and usually used for math **Pencil**

6 Buy some new **clothes** to wear to school

Down

1 I need this to write in **Journal**

2 Needed to carry all my stuff **Backpack**

Schools Out

Across

2 No more **homework**

3 The next **two** months will be a blast!

5 It's time for a **vacation**

6 No more **school** for 2 whole months!

Down

1 Now I can enjoy the **summer**

2 I love the **holidays**

4 It's always so much **fun** when school is out

Paw Patrol

Across

1 The pup who hates bathing **Rocky**

2 This pup is the swimming expert of the group **Zuma**

4 This pups vehicle is a bulldozer **Rubble**

5 The police dog in the group **Chase**

Down

1 The human leader of Paw Patrol **Ryder**

3 The firedog in the group **Marshall**

6 This pup takes to the sky! **Skye**

Let's Play That Board Game

Across

4 You draw and your partner guesses **Pictionary**

5 **Snakes** and Ladders

6 Hungry Hungry **Hippos**

7 You have to find the killer in the game **Clue**

Down

1 You play this on a mat with colors on the floor **Twister**

2 This game is all about you and your family **Life**

3 This game is about money, buying property and trading properties **Monopoly**

Popular TV Shows

Across

2 One famous pig **Peppa Pig**

3 I wear square pants **Sponge Bob**

4 I have all kinds of information about the earth **Planet Earth**

5 Ask the **Storybots**

6 No job is too big, no pup is too small **Paw Patrol**

Down

1 I'm a show about dinosaurs **Dinosaur Train**

I Scream ICE CREAM

Across

1 This flavor is brown and delicious **Chocolate**

2 The flavor has marshmallows and almonds **Rocky Road**

4 I am also a fruit **Strawberry**

5 **Cotton** candy flavor is blue and pink in color

6 Mmmmm Cookies and **Cream**

Down

1 I can also be eaten raw before baking **Cookie Dough**

3 This is a very popular flavor that is yellow **Vanilla**

Insects

Across

1 You will definitely see me if you have a BBQ **Wasp**

4 I make noise in the bush, especially at night **Cricket**

6 If I bite you, you get very itchy **Mosquito**

7 I am usually found on animals and make them itchy **Flea**

Down

2 I live in a colony and the queen is what holds us together **Ant**

3 I am a flying insect that is similar to a butterfly **Dragonfly**

5 A caterpillar lives inside me before they become a butterfly **Cocoon**

Famous Dogs

Across

2 A lightning symbol can be found on me **Bolt**

4 A very large red dog **Clifford**

5 Charlie Brown is a great friend of mine **Snoopy**

6 I have a funny laugh and Mickey Mouse is my pal **Goofy**

Down

1 I am a bloodhound and I am also friends with Mickey Mouse **Pluto**

2 I am a Pomeranian with a cute haircut that makes me look like a bear **Bo**

3 Shaggy and I solve mysteries together with the gang **Scooby Doo**

Name That State

Across

2 The White House is located here
   Washington

3 Disney World is found here **Florida**

5 I hold the most people in the USA
   California

6 I am home to the Statue of Liberty
   New York

7 Country Music is very popular here
   Texas

Down

1 The Red Sox play for this state
   Massachusetts

4 Moana lives in this state **Hawaii**

Types of Nuts

Across

1 **Peanut** butter and jelly make a tasty
   sandwich

3 I am in the shape of a 'C' **Cashew**

4 I can be made into milk **Almond**

5 Nutella is made with this type of nut
   Hazelnut

Down

1 I am commonly used in ice cream
   Pistachio

2 This nut resembles a human brain
   Walnut

Can't Wait for Dessert

Across

1 I am found in a Boston Cream donut **Custard**

2 A yummy, chocolate squared, dessert **Brownie**

4 I am on a stick and melt in the heat **Popsicle**

5 This pie is great during the fall **Apple Pie**

6 Raw dough cooked will make a **cookie**

Down

1 I am made with cream cheese **Cheesecake**

3 I can also be eaten for breakfast with syrup **Waffle**

Things That Are Yellow

Across

3 I am used for writing and have an eraser on one end **Pencil**

4 Lemonade is made with this fruit. **Lemon**

5 This food is made from milk and cream **Cheese**

6 Popcorn comes from this vegetable **Corn**

Down

1 A yellow car that drives people who pay **Taxi**

2 A tall flower with black seeds in the middle **Sunflower**

5 What is a baby chicken called? **Chick**

Finish the Line

Across

2 The mall was a **zoo** during Christmas Season

5 You can't teach an old dog new **tricks**

7 You are the **apple** of my eye

8 Always keep your eyes **peeled**

9 Do you have ants in your **pants**?

Down

1 He has the weight of the world on his **shoulders**

3 He walked as slow as a **turtle**

4 When you keep dropping things you have butter **fingers**

6 Friends are like two peas in a **pod**

It's Christmas

Across

3 What you hang up for Christmas **Stocking**

4 The animal that pulls Santa's Sleigh **Reindeer**

5 Santa comes down the **chimney**

6 The month of Christmas **December**

Down

1 A plant with green and spiky leaves and red berries **Holly**

2 Christmas cookies in the shape of houses and men **Gingerbread**

7 The day before Christmas is Christmas **Eve**

"B" For What?

Across

2 B for something you can ride on the water **Boat**

3 B for something with two wheels **Bicycle**

4 B for the color of the Sky **Blue**

5 B for a kind of Monkey **Baboon**

Down

1 B for the opposite of good **Bad**

2 B for a Newborn **Baby**

3 B for a room where you sleep **Bedroom**

5 B for a place you keep your Money **Bank**

Halloween

Across

4 The month when we celebrate Halloween **October**

5 A big fruit used to make scary faces **Pumpkin**

6 Trick or **Treat**

Down

1 A white scary being that is believed to appear on Halloween night **Ghost**

2 Halloween costumes can be very **scary**

3 It's the best time to wear a **costume**

6 An act done on Halloween to scare people **Trick**

Peter Pan

Across

2 Peter Pan is a **little** boy

4 **Fairies** live in the treetops in Neverland

6 Tiger Lily is an **Indian** princess

7 Captain **Hook** is a wicked Pirate in the story

Down

1 **Mermaids** were swimming in a Lagoon

3 Peter lives in an underground house in a big hollow **tree**

5 The children flew out the **window** to Neverland

The Earth

Across

2 The **ocean** is a large body of water

3 A piece of Rock **Stone**

4 A large and high hill **Mountain**

Down

1 A body of water surrounded by land **Lake**

2 A gas we inhale as we breathe **Oxygen**

3 A top layer of the surface of the earth in which plants can grow **Soil**

4 A picture of the Earth that guides you **Map**

Pinocchio

Across

1 Anytime Pinocchio lied, his **nose** would grow

5 Pinocchio lived in a village near a place called **Lucca**

6 Pinocchio left school to join a **Circus**

7 Pinocchio's father was swallowed up by a huge **Whale**

Down

2 Pinocchio saw his father in the **stomach** of the Whale

3 A **fairy** fulfilled Geppetto's wish for Pinocchio to become a real boy

4 Geppetto carved Pinocchio as a wooden **puppet**

Easter

Across

2 The **color** of my Easter Egg is Purple
4 The day after Easter Sunday **Monday**
6 Decorated **eggs** are given as gifts in Easter
7 Easter egg **hunt** is a game where you search for Easter goodies

Down

1 The season when Easter is celebrated **Spring**
3 Easter Eggs are packed in a **basket**
5 Another word for a Rabbit **Bunny**

Thanksgiving

Across

3 The season when Thanksgiving is celebrated **Autumn**
4 A time to gather with the **family**
5 Thanksgiving is a time to give **thanks**
6 A really good **apple** pie was served

Down

1 A yellow vegetable served at thanksgiving **Corn**
2 The turkey has **stuffing** inside
5 Meat from a large domestic fowl **Turkey**

Spring Time!

Across

2 Birds **sing** lovely tunes
4 A light **shower** is in the forecast
5 The **weather** is great all through Spring
6 The colorful part of a plant **Flower**

Down

1 Spring is a very **colorful** season
2 The **sun** shines bright
3 It's the time for plants to **grow**

Disney Movies

Across

2 **Beauty** and the Beast
3 The Lion **King**
6 Rapunzel is a girl with long **hair**
7 Snow White is friends with seven **dwarfs**

Down

1 The wicked **queen** of the kingdom did not like Snow White
4 The Prince had one of Cinderella's pair of **glass** slippers to find her
5 **Mirror** mirror on the wall
8 She is a mermaid **Ariel**

Father's Day

Across

1 A day to celebrate your **father**
2 Give Dad a warm **hug** and kiss and tell him you love him
4 You give Dad a greeting **card** on Father's Day
5 The month when we celebrate Father's Day **June**
6 My dad is the **best** in the world

Down

1 Father taught me how to **fish** on our last fishing trip
3 Another word for 'Happy'. I am**glad** to have my Dad
4 I can always **count** on my dad

Mother's Day

Across

3 You have the best **mom** in the world!
4 Mom helps me **prepare** for school in the morning
5 The day we celebrate Mother's Day **Sunday**

Down

1 I **love** my mother because she is very caring
2 A mother keeps the **home** together
4 Give mother a **present** to show her you love her

My Learning Materials

Across

4 A liquid mixture I use to paint **Paint**
5 It makes things stick together **Glue**
6 I use it for erasing **Eraser**
7 I use it to write and draw **Pencil**

Down

1 I use it to sharpen my pencil and crayon **Sharpener**
2 I use it to write **Pen**
3 I use it to draw straight lines **Ruler**

Tasty Drinks

Across

3 A drink made from cocoa, milk and sugar **Cocoa**

4 A drink made from boiling tea leaves **Tea**

6 Liquid pressed from fruits or vegetables **Juice**

Down

1 A drink made from carbonated water **Soda**

2 A clear and colorless drink that has no taste **Water**

3 A dark, bitter drink made from ground coffee beans **Coffee**

5 A white nutritious liquid we get from cows **Milk**

How Do You Feel?

Across

1 To feel frightened or fearful **Scared**

2 How you feel when you do something that is boring **Bored**

3 How you feel when you have no strength or energy **Tired**

5 Feeling ready to sleep **Sleepy**

6 To be unhappy **Sad**

Down

1 Excited or shocked by something unexpected **Surprised**

4 To feel glad and fortunate **Happy**

Sum It Up!

Across

1 99 - 20 - 30 + 26 **Seventy-Five**

2 8 + 5 **Thirteen**

3 7 + 4 + 10 + 32 **Fifty-Three**

4 16 + 19 **Thirty-Five**

5 7 + 7 **Fourteen**

6 10 + 6 **Sixteen**

Down

1 41 + 32 **Seventy-Three**

Who Is In the Garden?

Across

1 Something you plant flowers in **Pot**
3 A pronged tool, like the one you use to eat noodles **Fork**
5 A tool with a broad blade used to dig and move soil when planting **Spade**

Down

2 A small flat blade used for digging **Trowel**
4 A long-handled tool with a row of teeth at its head; used to gather leaves or weed **Rake**
5 Big garden scissors **Shears**

Kinds of Furniture

Across

3 A seat for more than one person **Sofa**
4 What you sleep on in the Bedroom **Bed**
5 A table with drawers where you sit to do your homework **Desk**

Down

1 A place to store clothes **Wardrobe**
2 It has a flat top and one or more legs **Table**
6 A simple seat without a back or arms **Stool**

What's That Used For?

Across

2 I show you the time **Watch**
5 You use me to start a campfire **Wood**
6 You use me to get rid of tangles **Brush**

Down

1 I keep you warm from the cold when you are outside **Jacket**
3 I can cut through wood **Handsaw**
4 I go in between your teeth for an extra clean **Floss**

Bonus!

Would you like to have an exclusive **FREE** article eBook that has **15 Top Quality Working on Crafts for Kids**?

http://bit.ly/2qWfaKT

Thank you for reading this book! I would like to give you full access to an exclusive article eBook that has **15 Top Quality Working on Crafts for Kids**. If you are someone who is interested in saving lots of money, then type in the website on your browser for **FREE** access!

Made in the USA
Lexington, KY
13 November 2018